www.ingramcontent.com/pod-product-compliance
Lightning Source LLC
LaVergne TN
LVHW020443080526
838202LV00055B/5316
9788195988655

کروسو سیاح

مصنف:
طالب الہ آبادی

© Taemeer Publications

Crusoe Sayyaah (Travelogue)

by: Talib Allahabadi

Edition: November '2022

Publisher & Printer:

Taemeer Publications, Hyderabad.

ISBN 978-81-959886-5-5

9 788195 988655

مصنف یاناشر کی پیشگی اجازت کے بغیر اس کتاب کا کوئی بھی حصہ کسی بھی شکل میں بشمول ویب سائٹ پر اَپ لوڈنگ کے لیے استعمال نہ کیاجائے۔ نیز اس کتاب پر کسی بھی قسم کے تنازع کو نمٹانے کا اختیار صرف حیدرآباد (تلنگانہ) کی عدلیہ کو ہو گا۔

© تعمیر پبلی کیشنز

کتاب	:	**کروسو سیاح**
مصنف	:	**طالب الہ آبادی**
صنف	:	سفر نامہ (بشکل ناول)
ناشر	:	تعمیر پبلی کیشنز (حیدرآباد، انڈیا)
تزئین	:	تعمیر ویب ڈیولپمنٹ، حیدرآباد
سالِ اشاعت	:	۲۰۲۲ء
تعداد	:	(پرنٹ آن ڈیمانڈ)
طابع	:	تعمیر پبلی کیشنز، حیدرآباد — ۲۴
صفحات	:	۴۸

فہرست

پیش لفظ	: مکرم نیاز	3
(۱)	سمندر	5
(۲)	ایک عجیب جزیرہ	9
(۳)	نیا گھر	13
(۴)	جزیرے کی زندگی	17
(۵)	پاؤں کے نشان	22
(۶)	میری ماند	26
(۷)	شکروار (جمعہ)	28
(۸)	ناؤ کی تیاری	33
(۹)	گورے کی رہائی	37
(۱۰)	ایک نیا جہاز	41
(۱۱)	رہائی	43

انتساب

نوجوان نسل کے نام
جو عالمی کلاسیکی ادب کو
اردو زبان میں پڑھنے کی خواہش مند ہے!

پیش لفظ

مکرم نیاز

رابنسن کروسو دراصل انگریزی کے ایک مشہور و مقبول ترین ناول کا نام ہے جس کے متعلق یہ دعویٰ کیا جاتا ہے کہ دنیا بھر میں بائبل کے بعد جس کتاب کا سب سے زیادہ زبانوں میں ترجمہ کیا گیا،وہ یہی کتاب ہے۔

یہ ناول سنہ ۱۷۱۹ء میں پہلی بار انگریزی ادیب، صحافی و تاجر ڈینیل ڈیفو [Daniel Defoe] (پیدائش: ۱۶۶۰ء، وفات: ۱۷۳۱ء) نے لکھا اور شائع کیا تھا۔ یہ ناول دراصل مرکزی کردار جلا وطن سیاح رابنسن کروسو کی داستانِ سفر ہے جو اس نے ایک دور دراز صحرائی جزیرے پر تقریباً ۲۸ برسوں کی سیاحت میں گزارے جہاں اسے مختلف اقوام سے واسطہ پڑا اور بیشمار پریشانیاں اور مشقتیں بھی اس نے برداشت کیں۔

اس ناول اور اس کردار کو عالمی کلاسک کا درجہ حاصل ہے جو صدیوں سے بچوں اور بڑوں کے درمیان یکساں طور سے مقبولِ عام کتاب بھی باور کی جاتی ہے۔ یہ وہی ناول ہے جس کے متعلق عظیم فلسفی روسو نے کہا تھا کہ نصاب سے ساری کتابیں ختم کرکے بچوں کو صرف ناول "رابنسن کروسو" پڑھایا جائے تو بھی کافی ہوگا۔

اپنے طویل سفر نامہ کے اختتام پر رابنسن کروسو اپنے پڑھنے والوں کو نصیحت کرتے ہوئے کہتا ہے کہ والدین کی حکم عدولی رسوائی کا باعث بنتی ہے جس کا ثبوت میری یہ داستانِ عبرت ہے۔ والدین کی حکم عدولی پر مجھے اپنی عمر کا ایک بڑا حصہ بے وطنی کی حالت میں ایک ویران جزیرے پر بِتانا پڑا جہاں بیشمار تکلیفیں اور نت نئی مصیبتیں اٹھانے پر مجھے مجبور ہونا پڑا۔ لہذا پڑھنے والوں سے میری گذارش ہے کہ وہ اپنے والدین کی اطاعت کو بوجھ نہ سمجھیں اور ہمیشہ ان کے ارشاد کی بسر و چشم تعمیل کریں جس سے وہ ہر طرح کی آفت و مصیبت سے محفوظ بھی رہیں گے۔

انگریزی ادب کا اپنی طرز کا یہ ایک ایسا شاہکار ناول ہے جس نے اپنی پہلی اشاعت کے ساتھ ہی مقبولیت حاصل کرنی شروع کی تھی اور آج تین صدیوں سے زائد عرصہ بعد بھی اس کی مقبولیت میں کوئی کمی نہیں آئی بلکہ مسلسل اضافہ ہوا ہے۔

دنیا کی کوئی ایسی مانوس زبان نہیں ہے جس میں اس ناول کے متعدد تراجم نہ کیے گئے ہوں۔ خود اردو میں بھی کئی مترجمین نے اپنے اپنے دور میں اس ناول کا ترجمہ پیش کیا ہے۔ پیش نظر ترجمہ طالب الہ آبادی کا ہے جو الہ آباد (ریاست اترپردیش) سے سنہ ۱۹۲۸ء میں پہلی بار طبع ہوا تھا۔ ادب دوست قارئین کی خدمت میں تعمیر پبلیکیشنز کی جانب سے اس کا دوسرا ایڈیشن پیش ہے۔۔۔

مکرم نیاز

۱۷/نومبر ۲۰۲۲ء

حیدرآباد دکن (انڈیا)

۱۔ سمندر کا سفر

میرا باپ سوداگر تھا، میرا نام رابنسن کروسو ہے۔ میں سنہ ۱۶۳۲ء میں شہر یارک (york) میں پیدا ہوا تھا۔

میں اپنے باپ کا تیسرا اور سب سے چھوٹا لڑکا تھا۔ میں ابھی چھوٹا ہی سا تھا کہ میرے دونوں بڑے بھائی پردیس چلے گئے، سو میں اکلوتے لڑکے کی طرح پالا پوسا گیا۔ میرے ماں باپ مجھ کو بہت چاہتے تھے۔ جب میں بڑھتے بڑھتے اٹھارہ سال کا ہو گیا تب گھر میں رہنے سہنے سے میرا من اُچاٹ ہونے لگا۔ ہر وقت یہی اُمنگ اُٹھتی تھی کہ سمندر کا سفر کروں، کسی بڑے جہاز میں سوار ہوں، اور دُنیا کی عجیب عجیب جگہوں کی سیر کروں۔

ایک دن میں اپنے ماتا پتا کے پاس اکیلا بیٹھا ہوا تھا۔ میں نے اُن سے اپنی خواہش ظاہر کی اور کہا۔

"آپ لوگ اجازت دیجئے کہ میں بھی پردیس جاؤں اور ملّاح

بن کر سمندر کی سیر کروں"۔

یہ سُن کر میری ماں رونے لگی، باپ بھی جھنجھلائے مگر پیار سے کہنے لگے "بیٹا، تم ابھی بچّے ہو" ناسمجھ ہو، اپنی بُرائی بھلائی آپ نہیں سمجھ سکتے۔ تم کو ملاّحوں کی ظاہری زندگی بہت اچھی معلوم ہوتی ہے، اِس واسطے کہ تم کو اُنکی اصلی حالت کا کچھ پتہ نہیں ہے میں تو کبھی راضی نہ ہونگا کہ تم پردیس جاؤ، تم کو چاہیے کہ جہاں ہو وہیں خوش رہنے کی کوشش کرو اور اپنے دل سے ایسی خراب باتیں نکال ڈالو"۔

ایک برس گذر گیا، پھر میری ہمت نہ پڑی کہ اُس بات کو دُہراؤں مگر سمندر کا خیال ہر وقت مجھ کو ستائے رہتا تھا۔ میری طبیعت آئے دن اور زیادہ اُچٹتی جاتی تھی۔ آخر ایک دن میں نے اپنے جی میں ٹھان لی کہ ماں باپ سے چھپا کر کسی روز سمندر کی طرف بھاگ جاؤنگا۔

ایک دِن میں (Hull) ہُل گیا ہوا تھا وہاں ایک دوست سے ملاقات ہوئی وہ اپنے باپ کے جہاز میں ملاح تھا جب اُس نے دیکھا کہ میں سمندر کی سیر کے لئے بہت بے چین ہوں تو کہنے لگا "تم چاہو تو میرے ساتھ چلے چلو، مگر فوراً سوار ہو جاؤ، جہاز ابھی ابھی روانہ ہو جائیگا۔"

میں پھولوں نہ سمایا، جھٹ پٹ جہاز پر بیٹھ گیا۔ اس وقت ماتا پتا کوئی یاد نہ آیا۔ جہاز چل نکلا اور میں نے اپنے ماں باپ کو

کوئی چٹھی بھی نہ لکھی۔ تھوڑی ہی دیر بعد میں اپنی بھول چوک پر پچھتانے لگا، مگر یہ سوچ کر چپ ہو رہا کہ "اب پچھتائے کا ہوت ہے جب چڑیاں چُگ گئیں کھیت"۔

ہمارا جہاز لندن (London) جا رہا تھا اور بدقسمتی ہمارے ساتھ ساتھ جا رہی تھی ابھی ہم ہمبر (Humber) سے نکلے ہی تھے کہ ہوا تیز تیز چلنے لگی اور سمندر میں اونچی اونچی بھیانک لہریں اُٹھنے لگیں میں ڈر گیا، پہلے کبھی جہاز پر سوار نہیں ہوا تھا بیمار پڑ گیا۔ جب جب میرے جہاز سے کوئی بڑی لہر ٹکر کھاتی تب تب میں ساری جان سے کانپ کانپ کر رہ جاتا اور یہی سمجھتا کہ اب مَرا جب مَرا۔

دو ایک دن کے بعد جی سنبھل گیا، مگر ہماری مصیبت ابھی دُور نہیں ہوئی تھی جب ہم چھٹے دن یار ماؤتھ (yarmouth) پہنچے تو ایک خوفناک طوفان آگیا۔ پانی کی لہریں پہاڑوں کے برابر اونچی اونچی لہریں جہاز کے اندر آجاتی تھیں۔ ہم سب لوگ اندر کا پانی پمپ (ربڑ کی بڑی پچکاریاں) سے نکالتے جاتے تھے آخر کپتان نے پریشان ہو کر حکم دیا کہ خطرے کے وقت والی توپیں داغی جائیں۔

ایک جہاز نے جو سب سے قریب تھا، ہماری توپ کی آواز سُن لی اور ہماری مدد کے لئے ایک ڈونگی بھیجدی، ہم سب لوگ کود

کود کر اُس پر بیٹھ گئے مگر ابھی ہم اپنی ڈونگی کو کھیتے ہوئے چوتھائی میل بھی نہ لے گئے تھے کہ ہمارا جہاز ڈوب گیا۔

ہم لوگ بڑی بڑی تکلیفیں اُٹھا کر مرتے کھپتے کنارے تک پہنچ گئے وہاں کے لوگ بہت اچھے تھے وہ ہم کو اپنے اپنے گھروں میں لیگئے کھانا کھلایا اور نرم نرم بچھونوں پر سُلا دیا۔

اب بھی اگر مجھ کو گھر لوٹ جانے کی سوجھ جاتی تو بہت اچھا ہوتا مجھے یقین ہے کہ میرے باپ نے مجھ کو معاف کر دیا ہوتا اور میرے لوٹ آنے پر بہت خوش ہوتے مگر ابھی میں نے اپنی غلطی کا پورا مزہ چکھا ہی نہیں تھا واپس کیسے جاتا ؟

اَب مَیں نے ٹھان لیا کہ لندن ضرور جاؤنگا اور دوسرے دن چل نکلا میرے ماں باپ نے جب سُنا کہ میرا جہاز ڈوب گیا تو مجھ کو بھی رو پیٹ کر بیٹھ رہے۔ مگر آٹھ دس مہینے کے بعد انکو میرے بچ جانے کی خبر معلوم ہو گئی۔

لندن سے میں افریقہ جانے والے جہاز پر بیٹھ گیا۔ افریقہ پہنچکر میں نے سمندر کے کئی سفر کیئے اور وسط کوسٹ (West Coast) کے باشندوں سے تجارت کرتا رہا۔ ایک مرتبہ ہمارے جہاز پر (Moor) مُور کے دریائی ڈاکوؤں نے چھاپہ مارا سارا سامان لوٹ کر لے گئے۔

ڈکیتوں کا افسر مجھ کو طاقتور اور نوجوان دیکھ کر اپنا غلام بنا کر' اپنے ساتھ لے گیا۔

۲- ایک عجیب جزیرہ

دو سال تک میری زندگی بہت بری کٹی' میں پورا غلام تھا' اپنے مالک کے کٹھن اور گھنونے کاموں میں دن رات لگا رہنا تھا۔ مجھ کو اس وقت اپنے باپ کی باتیں بار بار یاد آتی تھیں۔ میں رہ رہ کر پچھتاتا تھا کہ انکی نصیحت کیوں بھلا دی اور گھر چھوڑ کر باہر کیوں نکلا؟

دو برس کے بعد' مجھ کو اپنے ڈکیت کپتان سے چھٹکارا ملا۔ میں ایک جہاز میں بیٹھ کر برزیل (Brazil) چلا گیا اور وہیں سوداگری کرنے لگا۔

کچھ دنوں بہت مزے سے گذر گئی مگر گھومنے پھرنے کا چسکا مجھ کو نچلے بیٹھنے ہی نہیں دیتا تھا۔

اب میں نے کچھ اور سوداگروں کے ساتھ مل کر افریقہ جانے کے لئے ایک جہاز ٹھیک کیا ہم نے بہت سے کھلونے' شیشہ کے ٹکڑے' پوت کے دانے' لوہے کے چاقو اور بہت سی ایسی چیزیں جو افریقہ والوں کو پسند تھیں اپنے جہاز میں بھر لیں اور خیال تھا کہ ان چیزوں کے بدلے

وہاں سے ہاتھی دانت اور کچا سونا لائینگے +

ہمارا جہاز چل نکلا - بارہ روز تک موسم بہت اچھا رہا' دھوپ بھی تیز تھی اور سمندر کا پانی بھی تالاب کے پانی کی طرح بندھا ہوا معلوم ہوتا تھا پھر یکایک نہ جانے کیسے ایک بھیانک طوفان آگیا' تم جانتے ہو کہ میں ایک دفعہ پہلے بھی طوفان میں پڑ چکا تھا۔ مگر یہ طوفان پہلے والے سے کہیں زیادہ خوفناک تھا - جوار بھاٹا ایک ہفتے سے زیادہ رہا - ہمارا جہاز جھلائی ہوئی لہروں کے سامنے بالکل بے بس تھا اور ہم لوگ جدھر لہریں بہا دیتی تھیں اُدھر ہی چُپ چاپ بہتے چلے جاتے تھے +

آٹھویں دن صُبح تڑکے جہاز میں شور مچ گیا' "زمین - زمین" میں بھی گھبرا کر اپنے کمرہ سے نکل آیا - مگر ابھی تختہ تک بھی نہ پہونچا تھا کہ جہاز ایک رتیلے ٹیکرے سے ٹکرا کر رُک گیا - وہ ایسا پھنس گیا تھا کہ اسکو نکال لے جانے کی کوئی صورت نہ تھی' یہ دیکھ کر نائب کپتان نے ناؤ تیار کرنے کا حکم دیدیا -

لہریں اس زور سے ٹکریں مارتی تھیں کہ ہم لوگ تیورا کر رہ جاتے تھے ایسے وقت میں بہت مُشکل تھا کہ کشتی جہاز کے کنارے لائی جاے - خیر کسی طرح لائی گئی اور سب لوگ کود کود کر اس میں بیٹھ گئے - ہم سب گیارہ آدمی تھے سب کے سب پوری محنت سے کھیتے ہوئے اپنی ڈگمگاتی

ہوئی ناؤ کو جہاز سے دور ہٹالے گئے۔

ہماری حالت جہاز میں بُری تھی، ناؤ پر اُس سے بڑھ کر بُری ہوگئی ہماری کشتی اُس خوفناک طوفان میں دیر تک ٹھہر نہیں سکتی تھی ہم لوگ بڑی محنت سے ڈانڈیں چلا رہے تھے۔ مگر ہم جانتے تھے کہ کسی طرح کنارے تک پہنچ گئے تو بھی ہماری ناؤ چٹانوں سے ٹکرا کر چوُر چوُر ہوجائیگی۔

ابھی ہم لوگ بہتے بہاتے ہوئے دو میل بھی نہ گئے ہونگے کہ ایک پہاڑ ایسی لہر نے چھاپہ مارا۔ ناؤ اُلٹ پلٹ گئی۔ اور سب لوگ ڈوبنے لگے

میں اچھی طرح پیرنا جانتا تھا مگر ایسے خوفناک طوفان میں تیرنا بیکار تھا میرا سر جیسے ہی پانی سے باہر آتا تھا ویسے ہی ظالم لہریں منہ پر تھپیڑے مار کر مجھ کو اندر ڈبو دیتی تھیں، سانس بھی بڑی مشکل سے آتی جاتی تھی۔ آخر میں تھک کر اپنی جان سے ہاتھ دھو بیٹھا تھا کہ ایک بڑی لہر نے مُجھ کو اپنی گود میں لے کر کنارے پھینک دیا۔

میں اتنا پانی نگل گیا تھا کہ جہاں گرا تھا وہیں مُردے کی طرح پڑا رہ گیا۔ تھوڑی دیر بعد اُٹھا اور چاہا کہ اپنے پاؤں پر زور دیکر کھڑا ہو جاؤں ابھی اچھی طرح جما بھی نہ تھا کہ دوسری لہر آئی اور مجھ کو اپنے ساتھ پھر سمندر میں واپس لے گئی۔ پھر تیسری لہر نے مجھ کو دوبارہ کنارے پھینک دیا میں اب کی جان چھوڑ کر دوڑا اور لہروں کی پہنچ سے دور نکل گیا۔

سب سے پہلے مَیں نے اپنے خُدا کا شکر ادا کیا جسکے رحم نے مُجھ کو بچا لیا تھا۔ مجھے یقین تھا کہ میرے سب ساتھی ڈوب گئے۔ اِس دِن کے بعد پھر مَیں نے انکو کبھی نہیں دیکھا، نہ اُن کی کوئی خبر سُنی۔

اب مَیں نے اپنے چاروں طرف دیکھا کہ کیسی جگہ میں ہوں اور مجھے کرنا کیا چاہیئے۔ مَیں پانی میں شرابور تھا اور بہت بھوکا تھا، مگر نہ تو میرے پاس بدلنے کے لئے کپڑے تھے نہ کھانے کے لئے کوئی چیز تھی مجھے معلوم ہوتا تھا کہ مَیں سمندر سے صرف اس لئے بچ گیا ہوں کہ بھوکا پیاسا مر جاؤں، میرے پاس کوئی ہتھیار بھی نہ تھا جس سے کسی جانور کا شکار کر سکتا، یا کسی درندے کے حملے سے بچ سکتا۔

مَیں تھوڑی دیر تک پاگلوں کی طرح اِدھر اُدھر پھرا کیا جب رات ہوئی تو مَیں نے ایک بہت گھنا درخت سونے کے لئے پسند کیا جسمیں آرام سے رہ سکوں اور اُن تمام درندوں سے بچا رہوں جو درخت کے نیچے رات کے وقت آئیں جائیں +

مَیں نے ایک نہر سے تھوڑا سا میٹھا پانی پی لیا۔ درخت پر چڑھ گیا، گھنی ٹہنیوں میں اپنی جگہ ایسی بنائی کہ نیچے نہ گروں اور لیٹتے ہی گہری نیند سو گیا

۳۔ نیا گھر

سو کر اُٹھا تو دھوپ سر پر آچکی تھی۔ طوفان گھٹ چکا تھا۔ سمندر کا پانی آنند سے تھا، رات کے سنّاٹے میں ظالم لہروں نے جہاز کو رتیلے ٹیکرے سے اُٹھا کر گھاٹ کے پاس کر دیا تھا۔ میں سوچنے لگا کہ جہاز تک کیسے پہنچوں اور اُس میں سے اپنے کام کی چیزیں کیسے نکال لاؤں؟

دوپہر ڈھلنے کے بعد جوار بھاٹا اور بھی گھٹ گیا۔ پانی دور ہٹ گیا۔ اَب مجھ میں اور جہاز میں دو فرلانگ کا فاصلہ تھا۔

مَیں نے جھٹ سے کپڑے اُتارے۔ جھم سے کودا اور پیرتا ہوا جہاز کے پاس پہنچ گیا۔ ایک رسّی لٹک رہی تھی، اُس پر چڑھ کر جہاز کے اندر آگیا جہاز پر کوئی زندہ چیز نہ تھی۔ ہاں ایک کُتّا مرنے کے قریب تھا، اُس کو میں اپنے جزیرے میں اُٹھا لایا۔

جہاز پر سب سے پہلے مَیں نے اپنے پیٹ کی خبر لی۔ کچھ سوکھے ہوئے بسکٹ مِل گئے انکو جھٹ پٹ جیب میں رکھ لیا۔ چیزیں ڈھونڈھتا جاتا تھا اور بسکٹ کھاتا جاتا تھا۔ کیوں؟ اِس لئے کہ ایک ایک منٹ قیمتی تھا۔

جہاز پر کوئی کشتی نہ تھی مَیں نے کچھ بَلیاں اور کچھ تختے جوڑ کر ایک

گھنٹی بنالی۔ پھر تین صندوقوں میں روٹیاں۔ پنیر اور بکری کا سوکھا ہوا گوشت بھر کر رکھ لیا۔ ایک بڑھئی کا صندوق بھی مل گیا جس میں لوہے کے اوزار بھرے ہوئے تھے اس وقت وہ لوہے کا صندوق میرے واسطے سونے اور موتی کے صندوق سے زیادہ قیمتی تھا۔

اس کے بعد میں نے کپتان کے کمرے سے بہت سی بندوقیں، دو پستول بارود کے پیپے اور گولیاں لے لیں۔ اب میری کشتی کا بوجھ بہت بھاری ہو گیا تھا۔ میں واپس چلا، اب پھر پانی بڑھ رہا تھا اور تھوڑی بہت ہوا جو چل رہی تھی وہ گھاٹ ہی کے سیدھ میں چل رہی تھی۔

میں بہت احتیاط سے کھے رہا تھا۔ ڈر یہ تھا کہ کشتی بھاری ہے بہت جلدی اُلٹ پلٹ جائیگی۔ آخر میں ایک کھاڑی کے بیچ میں آگیا گھاٹ کے قریب ایک ہموار جگہ پسند کر کے ڈانڈیں روک لیں جب پانی کافی بڑھ گیا تو بہت مزے سے کنارے آگیا۔

سب سامان اتار لایا۔ رات ہوئی تو ایک کٹی ڈال لی۔ کیسے؟ سُنو۔ صندوق اپنے آس پاس رکھ لئے اور اُن کے اوپر کرمچ کا پال ڈھانک دیا صُبح کو اُٹھ کر میں ایک پہاڑی پر چڑھ گیا تو کیا دیکھتا ہوں کہ میرے جزیرہ کے آس پاس جہاں تک نظر جاتی ہے اور کوئی زمین نہیں ہے۔ ہاں پچھم کی طرف بہت دور پر دو چھوٹے چھوٹے جزیرے

دکھائی دے رہے تھے +

دوسرے دن میں پھر جہاز تک گیا۔ چاہتا تھا کہ لہروں سے چور چور ہو جانے کے پہلے اس میں سے جو سامان نکال سکوں نکال لاؤں اب کی بار میں نے پہلے سے ہلکی گھنئی بنائی اور اُس پر کیلوں کی تھیلیاں بارہ چھوٹی کلہاڑیاں، چکی کا ایک پاٹ کچھ بندوقیں، گولیاں، بارود پال، اور رسیاں لاد کر کنارے لایا۔

دوسرے دن میں دوبارہ جہاز پر گیا۔ تمام ہلکی چیزیں نکال لایا پھر لوہے کے تار اور چھڑیں بھی اُتار لایا میں نے جہاز پر گیارہ پھیرے کئے اور قریب قریب تمام ضروری چیزیں اُتار لایا۔ اگر موسم ویسا ہی اچھا رہتا تو میں پورے جہاز کو ٹکڑے ٹکڑے کر کے اُٹھا لاتا +

ایک روز رات کو بڑی سخت آندھی آئی۔ صبح کو اٹھا تو سمندر میں جہاز کیا اُس کا کوئی نشان بھی نہ تھا +

اب میرے پاس اوزار بھی کافی تھے۔ ہتھیار بھی بہت تھے ایک مکان بنانے کی فکر ہوئی مگر گھر بنے تو کس جگہ بنے ؟ ایسی جگہ ہو جہاں درندوں اور جنگلی آدمیوں سے بچاؤ ہو، جگہ کھلی ہوئی ہو اور میٹھے پانی کے پاس ہو۔

ڈھونڈھتے ڈھونڈھتے ایک پہاڑی کے پہلو میں ایک چھوٹی

سی جگہ مل گئی۔ پہاڑی کا اگلا حصہ دیوار کی طرح ڈھالو تھا، اُس کی چوٹی سے کوئی چیز اُتر نہیں سکتی تھی۔ آگے ایک چھوٹی سی کھوہ تھی مگر بہت گہری نہ تھی +

یہاں مَیں نے اپنی راؤٹی کھڑی کردی اور مکان بنانا شروع کیا کام بہت مُشکل تھا۔ مجھے معلوم نہ تھا کہ کس اوزار سے کیا کام لیا جاتا ہے۔ جب مجھے ایک تختے کی ضرورت ہوتی تو مَیں جنگل میں جاکر ایک پورا درخت گرا دیتا تھا اور کلہاڑی سے کاٹ چھیل کر اس کے تنے سے ایک پتلا سا سیدھا تختہ نکال لیتا تھا۔ تم سمجھ سکتے ہو کہ میرا کام کیسا دھیرے دھیرے ہوا ہوگا۔ سُن لو ایک چھوٹے سے مکان بنانے میں پورے بارہ مہینے لگ گئے۔

مَیں نے یہ مکان کیسے بنایا۔ سب سے پہلے کچھ مضبوط کھونٹے گڑھا لئے اُن کے سرے نوکیلے بنائے پھر ان کو دو قطاروں میں آدھی گولائی کے ساتھ زمین میں گاڑ دیا۔ لوہے کے تاروں سے تانا بانا تان کر ایک قسم کی دیوار بنالی۔ چھت کی جگہ کرمچ کا پال تان دیا۔ جس میں پانی۔ اوس۔ برف۔ کہرا، یا پالا کوئی چیز اندر نہ گھُسنے پائے۔

مَیں نے اپنے گھر میں کوئی دروازہ نہیں رکھا۔ ہمیشہ سیڑھی لگاکر چھت پر چڑھ جاتا تھا۔ اور اُترنے کے بعد سیڑھی بھی کھینچ کر الگ

رکھ لیتا تھا

مَیں نے تمام چیزیں اپنے نئے گھر میں لاکر رکھ دیں پھر کھوہ کو اور کھو کھلی کر کے ایک طرف بارود رکھ دی۔ تاکہ سوکھی ہوئی بھی رہے اور بجلی کی اچانک چمک سے اُڑنے بھی نہ پائے +

وقت کا حساب رکھنے کے لیئے میں نے ایک لانبا سا کھمبا گاڑ دیا' بیچ میں چاقو سے یہ الفاظ کھود دیئے" میں اس جزیرے پر ۳۰ر دسمبر ۱۶۵۹ء کو آیا" ہفتہ میں کسی دن اس کھمبے پر چھوٹا نشان بنا دیتا تھا اور ہر اتوار ایک بڑا سا تیر ⟶ کھود دیتا تھا +

۴۔ جزیرے کی زندگی

مکان بنا لینے کے بعد سامان ٹھیک کرنے لگا۔ پہلے لکڑی کے تختوں سے ایک میز اور ایک کرسی تیار کی پھر ایک الماری بنا کر چھوٹی چھوٹی چیزیں اُس میں رکھدیں اور دیواروں میں کھونٹیاں گاڑ کے تمام ہتھیار ان پر سجا دیئے۔

ہر روز میں اپنی بندوق لے کر نکلتا تھا اور اپنے کھانے کے لئے جنگل سے خرگوش یا بکری شکار کر کے لاتا تھا۔ تمام جنگل جانوروں سے پٹا پڑا تھا۔ ہمیشہ تازہ تازہ گوشت مِل جاتا تھا۔ جب کبھی کوئی جانور شکار

کرتا تھا تو اُس کی کھال کھینچ کر رکھ کر لیتا تھا اور جب کپڑے پھٹ جاتے تھے تو بکری کی کھال سے نئے کپڑے بنا لیتا تھا۔ بکری کے ایک بڑے چمڑے سے مَیں نے ایک چھاتا بھی بنا لیا تھا، وہ مجھ کو دُھوپ اور پانی دونوں سے بچاتا تھا +

ایک دن بارود کی تھیلی ڈھونڈھ رہا تھا کہ مرغ رکھنے کی ایک خالی تھیلی مِل گئی اُس کے اندر کچھ بھوسی پڑی ہوئی تھی مَیں نے وہ بھوسی اپنے گھر کے پچھواڑے جھاڑ دی اور بالکل بھول گیا +

کچھ دنوں کے بعد میں اُدھر سے گزرا تو بڑا اچنبھا ہوا۔ بہت سے ہرے ہرے پودے زمین سے اپنا سر نکالے جھانک رہے تھے جیسے جیسے دِن کٹتے گئے ویسے ویسے وہ پودے بڑھتے گئے اور بڑھتے بڑھتے میرے کاندھے کے برابر ہو گئے اور اُن میں انگریزی جَو کی پھلیاں لٹکنے لگیں پہلے تو کچھ سمجھ میں نہ آیا کہ وہ پودے وہاں کیسے اور کہاں سے آ گئے پھر سوچتے سوچتے وہ بھوسی یاد آ گئی جو کئی مہینے ہوئے مَیں نے وہاں جھاڑ دی تھی +

جب فصل تیار ہو گئی، جَو پک گئے تو مَیں نے بالیاں توڑ کر رکھ لیں۔ وقت آیا تو انھیں دانوں کو پھر بو دیا۔ اب کی فصل میں بہت سا غلّہ مِلا اسی طرح کئی سال تک بوتا اور کاٹتا رہا۔ یہاں تک کہ میرے

پاس بسار کے لئے بھی اور کھانے کے لئے بھی کافی ہوگیا میں کیسے بتاؤں کہ پہلی روٹی جو میں نے چکی کے پاٹ پر پکا کر کھائی وہ کتنی مزیدار معلوم ہوئی ؟

ایک دوسری کام کی بات بھی مجھے اچانک سوجھ گئی۔ ایک دن میں نے ایک بکری شکار کی، پاس جا کر دیکھا تو ایک بچہ بھی بغل میں پڑا ہوا ہے مجھ کو بڑا دکھ ہوا دل بھر آیا۔ گود میں لے کر گھر اُٹھا لایا۔ اور پالنا شروع کیا کچھ دنوں میں وہ بچہ بالکل ہل گیا اور اپنے چارہ کے لئے ہر وقت میرے ساتھ ساتھ پھرنے لگا۔

یہ دیکھ کر میں نے بہت سے بچے اور پکڑ لئے ۔ دھیرے دھیرے میرے پاس ایک گلّے کا گلہ ہوگیا اب مجھ کو تازہ تازہ سیروں دودھ مل جاتا تھا اور وقت بے وقت گوشت کا سامان بھی ہو جاتا تھا۔

میرے جزیرے میں سردی یا گرمی کا کوئی موسم نہ تھا۔ ہر سال دو برساتیں ہوتی تھیں جو دو دو مہینے تک رہا کرتی تھیں۔ اُن کو چھوڑ کر ہمیشہ تیز اور گرم دھوپ رہتی تھی۔ جب کبھی پانی برستا تھا تو موسلا دھار برستا تھا اور میں کئی کئی دن تک اپنے گھر میں قیدی بن کر پڑا رہتا تھا۔

ایک دفعہ برسات میں مجھ کو خیال آیا کہ روٹیاں اور چھوٹی چھوٹی چیزیں رکھنے کے لئے دو ایک ٹوکریاں بنالوں۔ جب میں بچہ تھا تو

میرے گھر کے پاس ایک دھرکار رہا کرتا تھا۔ میں اکثر اسکا کام دیکھتا رہتا تھا' سو مجھ کو بھی بہت کچھ آگیا تھا +

میرا دھرکار بید کی کھپاچیاں لگاتا تھا اس لئے کہ وہ ٹوٹتی نہیں اور آسانی سے جھکائی اور موڑی جا سکتی ہیں۔ میرے جزیرہ پر بید کی جھاڑی تو نہ تھی مگر ڈھونڈھتے ڈھونڈھتے ایک ایسی لکڑی مل گئی جو بید ہی کی طرح مضبوط اور لچیلی تھی۔ میں نے ایک بوجھ کاٹ کر پھیلا دیا۔ جب لکڑی سوکھ گئی تو اُٹھالایا اور چھ سات دن میں کئی بڑے بڑے کھانچے بنائے وہ دیکھنے میں کچھ بھلے نہ تھے مگر مضبوط بہت تھے اور مجھکو مضبوط ہی چیز کی ضرورت تھی +

میرے پاس کھانا پکانے یا پانی گرم کرنے کے لئے کوئی برتن نہ تھا۔ یہ تو معلوم تھا کہ گیلی مٹی سے برتن بنائے جاتے ہیں مگر کسگری کا اور کوئی کام میں نہیں جانتا تھا' تم نے سنا ہوگا' ضرورت ایجاد کی ماں ہے' اُس جزیرے پر مجھے ایسی ایسی ضرورتیں پڑیں کہ میں آپ سے آپ ایک اچھا بھلا کمھار بن گیا۔

میں نے تھوڑی سی مٹی گوندھ کر ٹیڑھے میڑھے برتن بنائے اگر تم اُن برتنوں کو دیکھ پاتے تو میرے حال پر ترس کھاتے یا ہنستے ہنستے لوٹ جاتے دو مہینے کی محنت کے بعد مجھ کو مٹی کا تاؤ معلوم ہوا پہلے

جو برتن بناتا تھا وہ آن کی آن میں ٹکڑے ٹکڑے ہو جاتے تھے۔ اب کی دفعہ دو گھڑے کچھ رکابیاں۔ کچھ ہانڈیاں اور کچھ جھجھر آسانی سے بن گئے مگر سب کے سب کچے تھے انہیں سے نہ تو کوئی تیز آنچ پر ٹھہر سکتا تھا۔ نہ پانی کا بوجھ اٹھا سکتا تھا۔

ایک دن بیٹھے بیٹھے میں اپنی آگ کرید رہا تھا کہ اچانک کسی ٹوٹے ہوئے برتن کا ایک ٹکڑا دکھائی دیا یہ ٹکڑا آگ میں جلتے جلتے پتھر کی طرح سخت اور اینٹ کی طرح لال ہو گیا تھا میں نے اپنے جی میں سوچا کہ جب ٹکڑے جل کر ایسے اچھے ہو جاتے ہیں تو پورے برتن بھی ویسے ہی کیوں نہ ہو جائینگے۔

دوسرے دن میں نے تمام برتن اکٹھا کر کے رکھ دئے اور چاروں طرف لکڑیوں سے ڈھانک دیا۔ آگ دیدی۔ وہ آگ دن بھر جلتی رہی اور میں نے دیکھا کہ سب برتن آگ کی گرمی سے بیر بہوٹی بنتے جاتے ہیں شام کے قریب مٹی میں جو ریت تھی وہ پگھل کر جھڑنے لگی۔ اس وقت میں نے آگ ہٹا دی مگر دھیرے دھیرے ہٹائی کہ برتن اکبارگی ٹھنڈک پاکر چٹک نہ جائیں

دوسرے دن جب راکھ ہٹائی گئی تو تمام برتن سخت اور لال ہو کر نکل آئے اب وہ پکے تھے۔ ان میں ریت نام کو بھی نہ تھی۔ سو ان میں

پانی بھی ٹھہر سکتا تھا اور دوسری چیزیں بھی اُبالی جا سکتی تھیں +
تم نے دیکھا۔ اگر آدمی محنت کرے اور اپنی عقل سے کام لے
تو سب کچھ کر سکتا ہے۔ میں اکثر خوش ہوتا تھا کہ جہاز سے چیزیں لانے
میں میرا وقت بیکار نہیں گیا۔ تمھیں بتاؤ اگر مجھے ہتھیار اور اوزار نہ مِل
جاتے تو کیسی مصیبت پڑتی۔ شاید میں اس وقت تک زندہ بھی نہ ہوتا۔
فرض کرو کہ گھاٹ سے گھونگھے یا جنگل سے چھوٹے چھوٹے جانور، ہاتھ
سے پکڑ کر اپنا پیٹ پال لیتا تو بھی درندوں سے کیسے بچتا۔ مینھ اور
دھوپ سے کیونکر پناہ ملتی ؟

۵۔ پاؤں کے نشان

مجھے اُس جزیرے میں رہتے رہتے اب کئی برس ہو چکے تھے مگر
اب تک نہ تو کوئی آدمی دکھائی دیا تھا نہ کسی آدمی کی آواز ہی سنائی
دی تھی۔ پھر بھی مَیں اکیلا یا اُداس نہ تھا۔ میرا سب سے بڑا ساتھی وہ
کُتا تھا جسے میں جہاز سے لایا تھا۔ سولہ برس تک وہ میرا وفادار غلام
رہا۔ آخر بوڑھا ہو کر مر گیا +
میں نے ایک طوطا جھاڑی سے پکڑ کر پال لیا تھا وہ بھی میرا
لاڈلا تھا۔ مَیں نے اس کو بولنا بھی سکھایا تھا اُس سے میرا جی بہت

بہلتا تھا۔ جب ہم دونوں پاس پاس بیٹھتے تو وہ اپنی چونچ میرے گال کے پاس کرکے کہا کرتا "غریب رابنسن کروسو" "غریب رابنسن کروسو"۔ تم کہاں رہے۔ آج کیسے ہو" اور اسی قسم کی بہت سی باتیں جو میں نے سکھائی تھیں کیا کرتا تھا +

کیا تم جاننا چاہتے ہو کہ اس وقت میری صورت کیسی تھی؟ اچھا تو سنو۔ بکری کے کھال کی ایک بیڈھنگی ٹوپی تھی۔ جس کا تسمہ گلے پر لٹکتا رہتا تھا وہ پٹہ میری گردن کو پانی اور دھوپ سے بچاتا تھا۔ میرا کوٹ اور پائجامہ بھی ایک بوڑھے بکرے کی کھال کا تھا جس کے بال میرے گھٹنوں تک لٹکے رہتے تھے۔ جوتہ یا موزہ میرے پاس ایک بھی نہیں تھا مگر ادلوں پر کھال کے دو خول چڑھے رہتے تھے +

میری کمر میں سوکھی ہوئی کھال کی ایک پیٹی تھی۔ تلوار اور کٹار کی جگہ میرے داہنے اور بائیں آری اور کلہاڑی لٹکی رہتی تھی۔ میرے کاندھے پر ایک اور پیٹی تھی جس میں بارود کی دو تھیلیاں بندھی ہوئی تھیں۔ پیٹھ پر ٹوکری۔ کاندھے پر بندوق اور سر پر ایک چھاتا رہتا تھا۔ میرا منہ دھوپ سے جھلس کر سیاہ ہو گیا تھا۔ میری ڈاڑھی بہت بڑی نہ تھی مگر مونچھیں بہت زیادہ بڑھ گئی تھیں۔ ابھی اتنی بڑی تو نہیں تھیں کہ میں ان کے سہارے اپنی ٹوپی لٹکا دیتا پھر بھی ایسی لانبی اور ڈراونی تھیں کہ

کوئی انگریز اُنکو دیکھ لیتا تو ڈر جاتا +

اب وہ کہانی سناتا ہوں جس نے میری زندگی کی کایا بالکل پلٹ دی
ایک دن میں اپنے مکان سے بہت دور سمندر کے کنارے ٹہل رہا تھا کہ
اچانک ریت پر مجھکو آدمی کے پاؤں کے کچھ نشان دکھائی دئے +

میں بہت ڈرا اور ایک پہاڑی پر چڑھ کر اِدھر اُدھر دیکھنے لگا'
زمین پر دیکھا گھاٹ پر دیکھا' کہیں کوئی ہوتا تو دکھائی دیتا خیال ہوا
کہ وہم رہا ہوگا مگر پھر اُتر کر دیکھا تو ایڑی' پنجے' اور تلوے' کے نشان
صاف صاف بنے ہوئے تھے +

سمجھ میں تو کچھ آیا نہیں مگر میں ڈر کے مارے وہاں ٹھہر نہیں سکا!
بھاگا بھاگ گھر واپس آیا۔ دو تین قدم چل چل کر میں مڑ مڑ کر پیچھے دیکھ
لیتا تھا تو دور پر درختوں کے تنوں کی جگہ آدمی ہی آدمی دکھائی دیتے تھے۔

میں رات بھر جاگتا رہا۔ آنکھ جھپک جاتی تھی تو سپنے میں بھی
وہی نشان دکھائی دیتے تھے ۔ ایسا معلوم ہوتا تھا کہ جنگلی آدمی آئے
ہیں انھوں نے مجھ کو میرے مکان کو' میرے سامان کو دیکھ لیا ہے اب
کسی دن آوینگے اور مجھ کو مار ڈالینگے +

دوسرے دن میں نے اپنے گھر کی دیواروں کو اور مضبوط بنالیا
ہر طرف کی دیوار پر توپ کی طرح بندوقیں چڑھادیں ۔ یہ دیکھ کر ڈھارس

بندھ گئی کہ میں نے مکان کے سامنے بارہ برس پہلے جو پودے لگائے تھے وہ دونوں قطاروں میں بڑھ کر پورے پورے درخت ہو گئے تھے اور انکی ڈالیاں ایسی گنجان تھیں کہ اُنکی آڑ میں میرا گھر بالکل چھپ گیا تھا +

پھر بھی مجھے پورا اطمینان نہیں تھا۔ سوچتا تھا کہ اگر کوئی جنگلی آدمی مجھ کو پکڑ کر جزیرے کے کسی اور حصہ میں ڈال دے تو کیا کھاؤنگا کیسے زندہ رہونگا ؛ ایک بڑی اچھی بات سوجھ گئی میں نے اپنی بکریوں کے کئی چھوٹے چھوٹے گلے بنائے اور اُنکو جزیرے کے کئی کونوں میں چھپا دیا الگ الگ باڑے بنا دئے۔ اب کچھ آس ہو گئی کہ ایک جگہ سے دوسری جگہ بھاگنا پڑا تو بھوکوں نہ مرونگا +

جب سے میں نے ریت پر پانوں کے نشان دیکھ لئے تھے تب سے مارے ڈر کے گھر سے دور نہیں جاتا تھا۔ دو ایک مہینے کے بعد پہلا ڈر تو جاتا رہا مگر اب میں پہلے کی طرح نڈر اور بے فکر نہ تھا۔ ہر وقت چونکتا رہتا تھا کہ نہ جانے جنگلی آدمی کس وقت آجائیں +

کئی مہینے اور گذر گئے۔ کوئی نئی بات نہیں ہوئی۔ ایک دن میں ... کی سیر کر رہا تھا تو دور پر ایک کالا سا دھبّہ دکھائی دیا۔ میرے پاس دوربین تھی مگر گھر پر بھول آیا تھا۔ ہاتھ مل کر رہ گیا +

کیا کرتا ؛ پہاڑی سے اُتر کر گھاٹ پر پہنچا مگر پہنچتے ہی ڈر کے

مارے اُچھل پڑا۔ آدمی کی کھوپڑیاں۔ ہاتھ اور پانوں اور بہت سی دوسری ہڈیاں ریت پر بکھری ہوئی تھیں۔ ایک طرف بہت سی راکھ پڑی ہوئی تھی جسکے چاروں طرف ایک گڑھا ایسا کھُدا ہوا تھا۔ میں سمجھ گیا کہ یہاں جنگلی آدمیوں نے بیٹھ کر دعوت اُڑائی ہے اور آدمیوں کو بھون بھون کر کھا گئے ہیں۔

میں بہت دیر تک گھورتا رہا پھر مُڑا اور سر پر پانوں رکھ کر بھاگتا ہوا اپنے گھر آیا۔ وہاں دوزانو ہو کر میں نے اپنے مالک کا شکر ادا کیا کہ اُس نے اب تک میری جان بچا رکھی ہے اور مجھ کو جزیرے کے ایسے کونے میں پہنچا دیا ہے جہاں خونخوار جنگلی نہیں پہنچ سکتے۔

۶۔ میری ماند

اس کے بعد سال بھر تک میری ہمت نہیں پڑتی تھی کہ گھر سے کہیں دور جاؤں۔ اب مجھے کیل گاڑنے، اور لکڑی کاٹنے میں بھی ڈر لگتا تھا کہ کہیں کوئی سُن نہ لے۔ بندوق بہت کم چلاتا تھا کہ کوئی اس کا دھواں نہ دیکھ لے۔

ایک دن میں جنگل میں لکڑی کاٹ رہا تھا کہ گھنی ہوئی جھاڑیوں کے بیچ میں مجھے ایک ماند دکھائی دی۔ اُس کا دہانہ اتنا بڑا تھا کہ میں

اُس میں آسانی سے کھڑا ہو سکتا تھا۔ چاہتا تھا کہ اندر جا کر دیکھوں مگر اندر قدم رکھتے ہی گھبرا کر نکل آیا اس لئے کہ اندھیرے میں دو پیلی پیلی چمکتی ہوئی آنکھیں دکھائی دیں میں نے ہمت کر کے کانپتے ہوئے ہاتھوں سے مشعل جلائی اور دوڑ کر ماند میں گھس گیا۔ اب کی بار دل کڑا کر چکا تھا مگر دانت کٹکٹانے اور غرّانے کی آواز سُن کر پانوں آپ سے آپ رُک گئے میں ایسا ڈر گیا کہ اگر میرے سر پر ٹوپی ہوتی تو میرے بالوں سے اوپر اُٹھ کر زمین میں گر جاتی۔ مگر ڈرتے ڈرتے بڑھتا ہی گیا۔

قریب پہنچا تو کھلکھلا کر ہنس پڑا وہ جانور جس نے اتنا ڈرایا تھا ایک بوڑھا سا بکرا تھا۔ وہ بہت بیمار تھا۔ ہانپ رہا تھا اور اُس ماند میں مرنے کے لئے آگھُسا تھا +

یہ ماند کافی چوڑی اور چھ ہاتھ اونچی تھی پچھلی طرف چھت بہت نیچی ہو گئی تھی اور راستہ ایسا بنگیا تھا میں اُس راستہ میں چاروں ہاتھ پانوں سے گھٹنیوں کچھ دور چلا تھا کہ میری مشعل بجھ گئی اور میں مجبور ہو کر گھر لوٹ آیا +

دوسرے دن میں بہت سی اپنی بنائی ہوئی موم بتیاں لے کر آیا۔ بوڑھا بکرا مر چکا تھا اُس کی لاش بہت بھاری تھی، میں اکیلا اُسکو کھینچ کر باہر نہیں لا سکتا تھا۔ جہاں مرا تھا وہیں گاڑ دیا۔ اب میں

ماند کے دوسرے حصّہ میں آیا جو پہلے سے بہت زیادہ بڑا تھا اُسکی چھت ۱۵ ہاتھ اونچی رہی ہوگی۔ دیواریں چٹانوں کی تھیں اور بالکل سوکھی ہوئی تھیں۔

یہاں میں نے دوسرا مکان بنانے کا قصد کرلیا۔کئی ہفتہ تک چیزیں دُرست کرنے اور ایک جگہ سے دوسری جگہ لیجانے میں لگ گئے۔ آخر سب ٹھیک ٹھاک ہوگیا۔مَیں نے دہانہ کو ڈالیوں اور جھاڑیوں سے اور زیادہ چھپادیا کہ کوئی آنے جانے والا اُس کو دیکھ نہ سکے۔

جب یہ سب ہوچُکا تو میری طبیعت ٹھیک ہوئی اور اطمینان ہوگیا کہ ایک مرتبہ اپنی ماند میں پہنچ گیا تو پانچسو جنگلی آدمی بھی مجھ کو پا نہ سکیں گے۔

۷۔ شکروار (جمعہ)

اب مجھ کو وہاں رہتے رہتے تیس ۳۰ برس ہوچکے تھے۔ ایک دن صبح کو میں پہاڑی پر سے سمندر کی سیر کررہا تھا کہ گھاٹ پر تین ڈونگیاں دکھائی دیں میں نے جھٹ سے دوربین نکالی اور مُنہ کے بل لیٹ کر دیکھنے لگا۔

ڈونگیوں سے تیس جنگلی آدمی اُترے اور گھاٹ پر آگ جلا کر ناچنے لگے۔ اتنے میں دو قیدی ڈونگی پر سے لائے گئے اور آگ کے پاس پہنچ کر ایک کے سر پر ایسی لاٹھی پڑی کہ وہ اُسی جگہ گر کر تڑپنے لگا۔

دوسرے قیدی نے جان چھوڑ کر اپنے چھٹکارے کی کوشش کی اور بے تحاشا ریت پر میرے گھر کی سیدھ میں بھاگ نکلا پہلے تو میں یہ سمجھ کر گھبرا گیا کہ اب پوری ٹولی اُسکا پیچھا کریگی مگر جب یہ دیکھا کہ صرف تین آدمیوں نے تعاقب کیا ہے تو مَیں نے بھی اپنی بندوق اُٹھائی اور قیدی کی مدد کو چلا۔

میرے گھر اور گھاٹ کے بیچ میں ایک کھاڑی تھی۔ بھاگا ہوا قیدی اس کھاڑی کے پاس پہنچتے ہی جھم سے کودا اور پھرتی سے پَیر کر اِدھر نکل آیا دو آدمی اُسکے پیچھے کودے مگر تیسرا ہچکچا کر کھڑا رہ گیا اور تھوڑی دیر بعد واپس چلا گیا۔

میں ایک پگڈنڈی کی طرف سے گھاٹ پر آگیا اور بھاگنے والے کے ٹھیک راستہ پر کھڑا ہو گیا۔ وہ مجھ کو دیکھتے ہی ٹھٹک گیا مگر مَیں نے آواز دی اور ہاتھ کے اشارے سے اُس کی ہمت بڑھائی۔ اتنے میں وہ دونوں آدمی بھی پہنچ گئے۔ آگے والے کو مَیں نے بندوق کے کُندے سے زمین پر گرا دیا۔ دوسرا آدمی ٹھٹھکے

میں تیر جوڑنے لگا۔ میں نے گولی ماردی اور وہ وہیں گر کر ٹھنڈا ہو گیا۔

غریب قیدی میری بندوق کے زنّاٹے اور آگ کے سنّاٹے سے ایسا ڈر گیا تھا کہ پتھر کی مورت بن کر اپنی جگہ جم گیا۔ مگر میری مسکراہٹ اور ہنستا ہوا چہرہ دیکھ کر وہ میرے پاس آیا اور میرا داہنا پاؤں دھیرے سے اٹھا کر اپنے سر پر رکھ لیا گویا وہ بتانا چاہتا تھا کہ اب ہمیشہ ہمیشہ میرا غلام رہیگا ۔

وہ جنگلی آدمی جسکو میں نے کُندے سے گرایا تھا اب اُٹھ بیٹھا اور چاروں طرف دیکھنے لگا۔ قیدی نے اشارہ سے کلہاڑی مانگی میں نے دیدی۔ وہ دوڑ پڑا اور ایک ہی ہاتھ میں اپنے دشمن کا سر اُڑا دیا۔ تب اُس نے اشارے سے سمجھایا کہ دونوں لاشیں زمین میں گاڑ دینی چاہئیں۔ ورنہ جنگلی آدمی ڈھونڈھتے ہوئے آگئے تو بڑا اندھیر ہوگا۔ میرا اشارہ پاکر اُس نے ریت میں اپنے ہاتھوں سے ایک گڑھا کھودا اور پندرہ منٹ کے اندر دونوں لاشیں گاڑ دیں ۔

میں اپنے قیدی کو ایک ماند میں لے گیا۔ تھوڑی سی روٹی۔ پانی اور انگور کے دانے دیئے وہ بہت تھک گیا تھا۔ پیال پر کملی اوڑھ کر لیٹتے ہی خرّاٹے بھرنے لگا۔

جب وہ سو رہا تھا تو میں نے اس کو غور سے دیکھا وہ بہت خوبصورت تھا ہاتھ پانوں سڈول اور مضبوط تھے میرے خیال میں چھبیس برس کا گبرو جوان تھا۔ اُس کی جلد کالی نہ تھی بھوری تھی۔ بال لانبے اور سیدھے تھے ویسے گھونگھریالے نہ تھے جیسے حبشیوں کے ہوتے ہیں۔ چہرہ خوفناک نہ تھا۔ ہنستا ہوا تھا جس سے مردانگی برس رہی تھی +

صبح کو اُٹھ کر وہ دوڑتا ہوا آیا اور اشارہ سے بتایا کہ اپنی جان بچانے والے کا بہت احسانمند ہے میں نے بھی جواب میں مُسکرا کر اپنی خوشی ظاہر کردی اور اُس کو ساتھ لے کر وہاں آیا جہاں کل ڈونگیاں کھڑی تھیں۔ تم خود سمجھ سکتے ہو کہ ہم لوگ اِس وقت کیسے خوش ہوئے ہونگے جب یہ دیکھا کہ سب جنگلی جا چکے ہیں۔

دو ایک دن کے بعد میں اپنے ساتھی کو گھر لے گیا اور اُس کو بات چیت سکھانے لگا۔ میں نے اُس کو بتا دیا کہ اُس کا نام "شکردار" ہے اس لئے کہ اُسی روز وہ مجھ کو ملا تھا اور سمجھا دیا کہ مجھ کو "مالک" کہا کرے وہ بہت جلدی باتیں کرنا سیکھ گیا +

پھر میں نے خرگوش کے چمڑے سے اُس کے لئے ٹوپی بنا دی اور بکری کے کھال کا کوٹ اور پاجامہ تیار کر دیا۔ اِن چیزوں کو پہنکر

وہ اکڑ گیا اور مارے خوشی کے پھولوں نہ سمایا +

دوسرا سال سب سے اچھا سال تھا جو میں نے اس جزیرے پر بسر کیا۔ شکر وار بہت ذہین تھا۔ میری ضرورت کی تمام چیزوں کا نام اس نے سیکھ لیا تھا اور ٹوٹے پھوٹے لفظوں میں بات چیت بھی کر لیتا تھا۔

اس نے مجھے اپنی کہانی بہت جلد بتا دی۔ کہا کہ پچھم کی طرف یہاں سے دور ایک جزیرے میں میرا گھر ہے جنگلیوں سے لڑائی ہوئی وہ مجھکو اور میرے ساتھی کو پکڑ کے اس جزیرے میں لائے تھے کہ بھون کر کھا جائیں یہاں کی ریت یہی ہے +

میں "۔اچھا شکر وار، تمھاری قوم کے لوگ اپنے قیدیوں کے ساتھ کیا برتاؤ کرتے ہیں"؟

شکر وار۔" ہاں ہمارے لوگ بھی آدمی کو کھا جاتا ہے، سب کھا جاتا ہے" وہ نوسکھیا تھا بہت سی غلطیاں کیا کرتا تھا +

میں ۔" وہ قیدیوں کو کہاں لیجاتے ہیں"؟

شُکر وار ۔ دوسری جگہ جاتا ہے جہاں ٹھیک سوچتا ہے" +

میں "۔ کیا یہاں بھی کبھی آتے ہیں"؟

شُکر وار۔ ہاں ہاں یہاں آتا ہیں اور بھی جگہ آتا ہے" +

میں ۔ کیا تم بھی کبھی اِن کے ساتھ آئے ہو"+

شکروار ـ" ہاں ضرور آیا۔"

یہ کہہ کر اُس نے ایک طرف اشارہ کیا۔ میں سمجھ گیا کہ وہ پہلے بھی یہاں آیا ہے میں نے اُس کو سمجھایا کہ آدمی کا گوشت کھانا بہت بُرا ہے ۔میں اُس کو روزانہ رات کے وقت ایشور کی باتیں بتایا کرتا اور بائبل (Bible) پڑھ کر سُناتا ۔ وہ بہت دھیان سے سنتا رہتا اور میری ہر بات اُس کے دل میں اُترتی جاتی تھی +

۸ ـ ناؤ کی تیاری

اسی طرح مَیں اور شُکروار کئی سال تک ساتھ رہے اور شاید ہی کبھی کسی کو کوئی آدمی ایسا اچھا اور ایسا ایماندار ملا ہو۔ جب وہ میری باتیں خوب سمجھنے لگا تو میں نے بھی اپنی کہانی بتا دی اور اُسے گھاٹ پرلے جاکر وہ جگہ بتائی جہاں ہمارا جہاز ڈوبا تھا۔ اب وہاں کچھ بھی نہ تھا۔ ہواؤں نے اور لہروں نے اس کے ٹکڑے ٹکڑے اُڑا دئے تھے ۔ مگر ریتیلے ٹیکرے میں ڈوبی ہوئی ناؤ کے کچھ ٹکڑے دھنسے دھنسائے پڑے تھے ۔

ناؤ کو دیکھ کر شکروار تھوڑی دیر تک کچھ سوچا کیا آخر کہنے لگا ۔ "مجھ ایسی ناؤ اپنے یہاں دیکھا تھا۔"

پہلے تو میں کچھ نہیں سمجھا۔ پوچھنے لگا۔

"شکروار، کیسی ناؤ"؟

"گورا آدمی اُس پر تھے۔ ہم گوروں کو ڈوبنے سے بچالیا"۔

تب میں سمجھا کہ شکروار کے جزیرہ میں کوئی کشتی گھاٹ سے ٹکرا گئی تھی اور تمام ملّاح بچالئے گئے تھے۔

"شکروار اس میں کتنے گورے آدمی تھے"

وہ اپنی ایک ایک اُنگلی گنتا رہا اور سترّہ پر پہنچ کر رُک گیا۔ میں نے پوچھا:۔

"پھر کیا ہوا"؟

شکروار۔ "وہ زندہ ہیں میرے مُلک میں رہتا ہے"

اب میں نے قصد کرلیا کہ اُن گوروں کو بچانا چاہیئے اور شکروار سے کہا:۔

"آؤ ہم لوگ ایک ناؤ بنادیں اور تم اُس میں بیٹھ کر اپنے گھر چلے جاؤ"۔

اُس نے کچُھ جواب نہیں دیا مگر چہرہ اُتر گیا۔ میں نے گھبرا کر اُس سے پوچھا۔

"شکروار کیا بات ہے"؟

شکروار۔ " تم شکروار سے کیوں خفا اُس نے کیا بگاڑا "؟

میں ۔" میں تم سے ذرا بھی خفا نہیں ہوں"۔

شکروار۔" شکروار سے نا خفا۔ پھر شکروار کو گھر کیوں بھیجتے"؟

مَیں ۔"میں سمجھتا تھا کہ تُم گھر جا کر خوش ہو گے تُم نے خود کئی مرتبہ کہا تھا"۔

شکروار۔ شکروار گھر جانا چاہتا۔ پر مالک کو چھوڑ کر نہیں ، مالک یہاں ٹھہرتا۔شکروار یہاں ٹھہرتا۔

میں ۔میں تُمھارے ملک میں جا کر کیا کرونگا؟

شکروار (جلدی سے) تُم جنگلی آدمی کو بھلا آدمی بناتے تم اُنکو اللہ کا نام بتاتے اور نئی زندگی سکھاتے"۔

میں ۔" افسوس شکروار۔ یہ تُم کیا کہ رہے ہو۔ کہاں میں اور کہاں دوسروں کو سکھانا۔تُم جاؤ مجھ کو یہیں چھوڑ دو۔جیسے تمھارے آنے کے پہلے رہتا تھا ویسے ہی اب بھی رہونگا"۔

وہ اور زیادہ رنجیدہ ہو گیا۔دوڑا ہوا گیا اپنی کلہاڑی اُٹھا لایا اور مجھ کو دینے لگا۔

میں ۔" اِس کو لے کر میں کیا کروں"؟

شکروار۔" تُم لو، شکروار کو مار ڈالو"۔

میں ۔ "مگر میں تم کو کیوں مار ڈالوں"؟

وہ ۔ (آٹھ آٹھ آنسو رو رہا تھا) "شکروار کو مار ڈالو، شکروار کو دور نہ بھیجو"۔

مجھ پر اُس کی محبت کا بہت اثر ہوا اور میں نے وعدہ کر لیا۔ "گھبراؤ نہیں مَیں تم کو اکیلے نہ بھیجونگا، جب چلینگے ہم دونوں ساتھ چلیں گے"۔

پھر ہم لوگوں نے ایک ناؤ بنانی شروع کی ایسی کہ ہم دونوں اور اُن سترہ گوروں کے لئے کافی ہو جائے ۔ مَیں نے شکروار کو درخت چھانٹنے دیا اس وجہ سے کہ وہ ناؤ بنانے میں مجھ سے زیادہ ہوشیار تھا۔ جب درخت کٹ کر گر چکا تو شکروار نے چاہا کہ اُس کے تنہ کو آگ سے جلا کر کھو کھلا کرے ۔ اس طور پر وقت بہت لگتا ۔ سو مَیں نے اسکو اوزار سے درخت کاٹنا سکھایا۔

ایک مہینے کی محنت میں ناؤ بن گئی مگر اس کو گھاٹ تک پہنچانے میں چودہ[14] دن اور لگ گئے وہ ایسے کہ ہم لوگ آگے آگے بڑے بڑے پتھر رکھتے تھے اور انھیں ڈھالو پتھروں پر ناؤ کو اُلٹتے پلٹتے ہوئے لئے جاتے تھے ۔

پھر دو مہینوں میں رسیاں، مستول اور پال ٹھیک ہوئے

اب ہم لوگوں نے سفر کے لئے کھانے پینے اوڑھنے بچھانے، اور بچاؤ کرنے کے سامان شروع کئے۔ اچھے موسم کے آتے ہی چل پڑنے کا قصد تھا۔ میں نے بکری کا بہت سا گوشت سُکھا کر اور آگ دکھا کر ٹھیک کر لیا جو ہفتوں تک خراب نہ ہوتا +

ہم نے اپنے لئے کچھ روٹیاں رکھ لیں۔ کچھ دھوپ میں سکھائے ہوئے جھاڑی کے انگور رکھ لئے میٹھے پانی کے کئی گھڑے بھر لئے دو ایک بندوقیں رکھ لیں۔ تھوڑے سے ہتھیار لے لئے کچھ بارود کچھ گولیاں لے لیں +

۹۔ گورے کی رہائی

ایک دن صبح کو میں نے شکروار سے کہا ذرا سمندر کے کنارے جاؤ اور کوئی مچھلی مِل جائے تو لاؤ۔ شکروار گیا اور اُلٹے پانوں واپس آیا۔

"اے مالک ! اے مالک ! غضب ہو گیا !! بہت بُرا ہوا"!!!

میں۔ "کیوں شکروار کیا بات ہے"؟

"وہ سامنے دیکھو ! ایک۔ دو۔ تین ڈونگیاں۔ ایک۔ دو تین"۔

بے چارہ بہت ڈر گیا تھا۔ سمجھ رہا تھا کہ جنگلی لوگ اس کی تلاش میں آئے ہیں اور بھون کر کھا جائینگے +

مَیں نے اُسکو تسلی دی - خود ایک بندوق لے لی تین اُس کو دیدیں کہ ساتھ ساتھ لائے - اور ایک پستول بھی اُسکی پیٹی میں باندھ دیا۔

ہم دونوں جھاڑیوں کی آڑ پکڑتے ہوئے چپکے چپکے وہاں پہنچے جہاں شکروار نے ڈونگیاں دیکھی تھیں تب مَیں نے شکروار کے کان میں کہا۔

"ذرا خبر تو لاؤ - جنگلی لوگ کیا کر رہے ہیں"؟

اس نے فوراً ہی واپس ہو کر بتایا۔

"سب لوگ الاؤ کے پاس بیٹھے - ایک گورا آدمی قیدی پڑا ہے۔"

یہ خبر سُنتے ہی میرے تن بدن میں آگ لگ گئی - چاہا کہ فوراً دوڑ پڑوں مجھ کو شکروار نے روک لیا اور ایک ذرا سا پھیر دیکر جنگلیوں کے سر پر پہنچا دیا +

جب ہم لوگ ایک اونچے ٹیکرے پر پہنچے تو درخت کی آڑ سے پورا تماشہ دکھائی دیا +

ایک منٹ کی مہلت بھی نہ تھی - اُنیس جنگلی الاؤ کے پاس بیٹھے ہوئے تھے اور دو آدمی ایک گورے پر جھکے ہوئے اسکی رسیاں کاٹ رہے تھے +

میں - "اچھا شکروار فیر کردو"۔

ساتھ ہی ساتھ میں نے بھی بندوق داغ دی +

شکروار کا نشانہ مجھ سے اچھا تھا۔ پہلے ہی دفعہ اس نے دو جنگلیوں کو مار ڈالا اور تین کو زخمی کردیا۔ میری گولی سے صرف ایک مرا اور دو زخمی ہوئے تمام جنگلی بدحواس ہو گئے جو لوگ ابھی زخمی نہ ہوئے تھے وہ اٹھ کھڑے ہوئے مگر کچھ سمجھ میں نہیں آتا تھا کہ کدھر بھاگیں یا یہ مصیبت کدھر سے آئی ہے۔

وہ ابھی اچنبھے ہی میں تھے کہ ہم لوگوں نے دوسری دفعہ فیر کردیا اور اب کی دفعہ بھی کئی آدمی زخمی ہو گئے +

اب میں نے شکروار کو پیچھے پیچھے آنے کے لئے کہا اور دونوں بندوقیں سیدھی کئے ہوئے ہم دونوں باہر نکل آئے +

جنگلیوں نے جیسے ہی ہم کو دیکھا بھاگ کھڑے ہوئے اور گرتے پڑتے ڈونگیوں کی طرف چلے شکروار انکے پیچھے فیر پر فیر کرتا ہوا۔ ہولیا اور میں نے قیدی گورے کے پاس پہنچکر اُس کی رسیاں کاٹ دیں۔

سہارا دے کر اُس کو کھڑا کر دیا اور پوچھا "آپ کون ہیں؟"

وہ ایسا کمزور تھا کہ بات بھی نہ کرسکتا تھا۔ میں نے اٹکل سے سمجھ لیا کہ اسپین (Spain) کا رہنے والا ہے اور عیسائی ہے۔ میں نے اپنی تھیلی سے تھوڑا سا پانی پلایا اور وہ سنبھل کر میرا شکریہ

ادا کرنے لگا +

میں - (اسپینی زبان میں) بات چیت پھر ہوتی رہیگی ابھی تو لڑنا ہی لڑنا ہے اگر کچھ طاقت رہ گئی ہو تو پستول اور تلوار سنبھالئے +

ہتھیار کے چھوتے ہی اس میں ایک نئی جان دوڑ گئی، وہ جنگلیوں کے پیچھے غصہ ور چیتے کی طرح دوڑ پڑا اور پلک جھپکاتے دو آدمیوں کو کاٹ کر ڈال دیا +

گھاٹ کے قریب سخت لڑائی ہوئی - اسپینی جوان شیر ببر کی طرح بہادر اور منچلا تھا - اِدھر شکروار کے تھیلی کی بارود ختم ہو گئی تو اس نے بھی کلہاڑی سنبھالی اور تول تول کر شپاشپ ہاتھ چلانے لگا یہ دیکھ کر میں ریت پر بیٹھ گیا اور تمام خالی بندوقوں کو آئندہ ضرورت کے لئے جلدی سے بھر لیا -

اُس وقت تک بقیہ جنگلی آدمی ایک ڈونگی پر بیٹھ کر بھاگ چکے تھے میں نے اور شکروار نے چلتی ہوئی ناؤ پر دو ایک فیر اور کیے مگر ناؤ پلّہ پر نہ تھی نشانہ خالی گیا - ہم لوگ تھک کر رک گئے -

تھوڑی دیر کے بعد جنگلی جو ڈونگی چھوڑ کر بھاگے تھے اُس پر ہم لوگ آئے یہاں ایک دوسرا قیدی رسیوں میں جکڑا ہوا تھا +

وہ گورا نہ تھا - جنگلی تھا اور ڈر سے کانپ رہا تھا میں نے اُسکی

رسّیاں کاٹ دیں اور شکروار سے کہا اِس کو اپنی زبان میں سمجھا دو کہ اب ذرا بھی نہ ڈرے۔

مگر جیسے ہی شکروار نے اُس کا چہرہ دیکھا۔ اُس کے بوسے لینے لگا، اُس کو گلے لگانے لگا اور خوشی سے پاگل ہو کر اُس کے چاروں طرف ناچنے لگا۔

جب کچھ حواس دُرست ہوئے تو اس نے بتایا "مالک یہ میرا باپ ہے۔ باپ ہے۔ باپ ہے"۔

۱۰۔ ایک نیا جہاز

اب میرا جزیرہ آباد تھا۔ میں وہاں کا راجہ تھا۔ میری رعایا صرف تین آدمی تھے مگر میں نے ان میں سے ہر ایک کی جان بچائی تھی۔ وہ سب میری سیوا کرتے تھے۔

اسپینی عیسائی بھی ان سترہ گوروں میں سے تھا جن کی ناؤ شکروار والے جزیرے سے ٹکرائی تھی۔ گورے وہاں بہت آرام سے تھے کہ جزیروں میں لڑائی چھڑ گئی۔ اور اسپینی جوان بھی شکروار کے باپ کے ساتھ گرفتار ہو گیا۔

مَیں۔ "تمہارے دوستوں کے پاس ہتھیار ہیں کہ نہیں؟

اسپینی - بندوقیں سب کے پاس ہیں مگر بارود ہو چکی ہے -

میں "اگر میں اُنکو یہاں نکال لاؤں تو وہ میرے تمام حکم مانینگے اور وفادار رہینگے کہ نہیں ؟

اسپینی - بڑی خوشی سے - وہ لوگ بہت گھبرائے ہوئے ہیں"۔

میرے خیال میں ایک تدبیر فوراً آگئی - پچھلی لڑائی میں جنگلی آدمی اپنی ڈونگی چھوڑ بھاگے تھے - مَیں نے طے کرلیا کہ اُسی میں اسپینی گورے کو شکروار کے باپ کے ساتھ بھیجدونگا اور وہ اُن سولہ گوروں کو اپنے ساتھ بٹھا لائینگے -

اِن کے بھیجنے سے پہلے بہت سا انتظام کرنا پڑا نئے آدمی آجاتے تو کیا کھاتے ؟ سو ہم چاروں آدمی چھ مہینہ تک - زمینیں جوتنے - دھان، جو، مٹر بونے، اور کاٹ کر غلّہ کا کھلیان اکٹھا کرنے میں لگے رہے -

آخر سب سامان ٹھیک ہوگیا - مَیں نے ڈونگی میں کئی کئی دن کا کھانا رکھ دیا - پھر اپنے دونوں آسامیوں کو ایک ایک بندوق کچھ بارود اور گولیاں دیکر روانہ کر دیا

اُن کے جانے کے ٹھیک آٹھویں دن مَیں ابھی سو ہی رہا تھا - کہ شکروار دوڑتا ہوا آیا اور چِلّا کر کہنے لگا -

"مالک ! مالک !! وہ سب آگئے - سب آگئے -

مَیں کود کر اُٹھا۔ جلدی سے کپڑے پہنے۔ باہر نکلا۔ تو کیا دیکھتا ہوں کہ ایک ناؤ گھاٹ کے کنارے لگی ہوئی ہے مگر ڈونگی نہیں کسی جہاز کے ساتھ کی بڑی کشتی تھی +

میں نے شکرو ار سے کہا۔ "انکی تاک میں رہو۔ یہ آدمی وہ نہیں ہیں جنکا راستہ ہم دیکھ رہے تھے"۔ یہ کہہ کر مَیں نے دوربین لگائی اور غور سے دیکھنے لگا۔ سمندر میں چار پانچ میل کے فاصلہ پر ایک جہاز لنگر ڈالے کھڑا تھا۔ جہاز پر انگریزی بال تھے اور انگریزی جھنڈا لہلہا رہا تھا +

اُس کو دیکھ کر مجھے بڑی خوشی ہوئی مگر ساتھ ہی ساتھ تھوڑی سی بے چینی بھی ہوئی +

بات یہ تھی کہ ہمارا جزیرہ تجارتی جہازوں کے راستے سے الگ پڑتا تھا اور تین چار دن سے سمندر میں کوئی طوفان بھی نہیں آیا تھا۔ جو اس جہاز کو ادھر بہا لاتا۔ پھر وہ جہاز ہمارے جزیرہ کی طرف آیا تو کیوں آیا دال میں کچھ کالا ضرور تھا +

۱۱۔ رہائی

دیکھتے ہی دیکھتے وہ ناؤ کھاڑی کے اندر آگئی بسب ملکر گیارہ آدمی تھے۔ سب کے سب انگریز تھے۔ آٹھ آدمیوں کے پاس ہتھیار تھے

مگر تین آدمی نہتھے تھے اور چال ڈھال سے قیدی معلوم ہوتے تھے انکے ساتھ بہت بُرا برتاؤ ہو رہا تھا۔ یہ لوگ گھسیٹتے ہوئے لائے گئے اور ڈانٹ کر بٹھا دئے گئے۔ پھر آٹھوں آدمی جزیرے کی سیر کیلئے اِدھر اُدھر چلے گئے

وہ ابھی نگاہوں سے اوجھل بھی نہ ہوئے تھے کہ میں شکروار کو ساتھ لیکر گھاٹ پر تیر کی طرح پہنچا۔ قیدی ہم کو دیکھ کر گھبرا گئے مگر اپنی جگہ سے ہلے نہیں۔

میں۔ شریف حضرات۔ آپ گھبرائیے نہیں۔ شاید آپ کو دشمن کے بھیس میں کوئی دوست مِل جائے۔

ایک آدمی۔ تو وہ دوست، سیدھا جنّت سے بھیجا گیا ہوگا"۔

میں۔" ساری مدد خُدا ہی کی طرف سے ہوتی ہے۔ آپ بھی انگریز ہیں مَیں بھی انگریز ہوں۔ بتائیے آپ کی کیا خدمت کروں"؟

وہ آدمی۔" جو جہاز لنگر ڈالے کھڑا ہے، میں اُسکا کپتان ہوں یہ دونوں آدمی میرے نائب ہیں۔ راستہ میں ملّاحوں نے فساد کیا۔ ہم تینوں کو گرفتار کر لیا۔ اب ہم لوگوں کو اس جزیرے میں لائے ہیں کہ یہیں چھوڑ کر چلے جائیں۔ وہ سمجھتے ہیں کہ یہ جزیرہ بالکل سنسان ہے۔ اُجاڑ ہے۔ یہاں کوئی نہیں رہتا۔

مَیں نے فوراً فیصلہ کر لیا کہ اب کیا کرنا چاہیئے۔

"دیکھئے کپتان صاحب۔ اگر مَیں آپ کو آپ کا جہاز واپس دلادوں تو آپ مجھ کو اور میرے آدمی کو انگلستان پہنچا دینے کا وعدہ کرتے ہیں یا نہیں؟

کپتان۔ سر پر اور آنکھوں پر پہنچاؤنگا اور ساری عمر احسان مانونگا۔

مَیں۔ بہت اچھا۔ تو یہ بندوقیں، یہ بارود، اور یہ گولیاں لے لیجئے اور بتائیے کہ اب کیا کرنا چاہیئے +

کپتان نہایت بہادر آدمی تھا اور رحمدل بھی تھا۔ چاہتا تھا کہ جہاں تک ہو سکے اپنے کسی بھائی کا خون بہنے نہ پائے۔ سو ہم نے طے کر لیا کہ گھاٹ کے پاس ملاّحوں کا انتظار کریں اور جیسے جیسے وہ آتے جائیں بلا لڑے بھڑے اُن کو زیر کرتے جائیں +

پہلے دو آدمی آئے تو زبردستی لڑائی کرنے لگے۔ کپتان مجبور ہو گیا اور اپنی جان بچانے کے لئے ایک آدمی کو گولی ماردی۔ فیر کی آواز سُن کر بقیہ ملاّح بھی دوڑ پڑے مگر اُن کے پاس دور کا کوئی حربہ نہ تھا۔ ہمارے پاس پانچ بندوقیں تھیں وہ سمجھ گئے کہ ہم سے اُلجھنا بیکار ہے تلواریں پھینک پھینک کر گڑگڑانے لگے۔

کپتان۔ اگر تم وفادار رہنے کی قسم کھاؤ اور مجھ کو میرا جہاز واپس دلادو تو تمھاری جان بخشی ہو جائیگی؟

اُنھوں نے عہد کر لیا۔ مگر مجھ کو ان پر پورا بھروسہ نہیں ہوا۔

سو میرے کہنے سے کپتان نے اُن کو کچھ دنوں کے لئے قیدی بناکر رکھا +

اُسی دن تیسرے پہر جہاز سے ایک اور کشتی آئی - جب جہاز والوں نے دیکھا کہ اُن کے ساتھی لوٹ کر نہیں آئے تو کچھ اور آدمیوں کو خبر لینے کے لئے بھیجدیا - جیسے ہی اس ناؤ سے وہ لوگ اُترے میں نے ایک انگریز سے کہا کہ تم آواز دو - اُس آواز کے سُنتے ہی ان آدمیوں نے اپنے دو ساتھیوں کو ناؤ تاکنے کے لئے چھوڑ دیا - اور خود اُسی آواز کی سیدھ میں چل نکلے +

جب وہ لوگ جھاڑی کے پاس پہنچے تو ہم لوگ او. پیچھے سَرک گئے اور تھوڑی دیر کے بعد انکو پکارتے رہے - اسی اڈھب سے ہیر پھیر دیتے ہوئے ہم اُن لوگوں کو جزیرے کے اندر بہت دور تک لگا لائے جب رات ہوئی تو وہ سب بھٹک بھٹک کر تتر بتر ہوگئے اور ہم لوگوں نے ایک ایک کرکے سب کو گرفتار کرلیا +

اب دوسرا کام جہاز پر قبضہ کرنے کا تھا - اس پر بہت تھوڑے سے آدمی رہ گئے تھے - لڑائی تو ہوئی مگر جہاز آسانی سے ہاتھ آگیا +

ہم نے اپنے قیدیوں کو آزادی دے دی - کہ چاہے اُسی جزیرے میں رہیں چاہے وطن واپس چلیں مگر جب تک لندن پہنچ نہ لیں -

تب تک رسیوں میں جکڑے رہینگے +

اِن لوگوں نے اِسی جزیرے میں رہنا پسند کیا۔ وہ جانتے تھے کہ اگر مرتے کھپتے وطن کے گھاٹ پر پہنچے تو بھی پھانسی پر چڑھادئے جائینگے تب مَیں نے سب لوگوں سے اپنی کہانی بتائی۔ وہ جگہیں دکھائیں جہاں ایک زمانہ سے زندگی کے دن کاٹ رہا تھا۔ انھوں نے میرے مکان، بکری کے گلّے۔ غلّے کے کھیت سب کچھ دیکھے۔ وہ جھاڑیاں دیکھیں جہاں انگور آپ سے آپ پھلتے تھے اور جہاں میٹھے پانی کے چشمے بہتے تھے۔

موسم اچھا تھا۔ جہاز فوراً روانہ ہونے والا تھا۔ ہم لوگ اسپینیوں کے آجانے کا انتظار نہیں دیکھ سکتے تھے۔ میں نے قیدیوں سے سب حال بتادیا۔ انھوں نے وعدہ کرلیا کہ ہم لوگ اسپینیوں کا راستہ دیکھینگے اور جب کبھی آئینگے تو ہاتھوں ہاتھ لینگے۔

میرے پاس ڈیڑھ پیپے سے زیادہ بارود بچ گئی تھی اس لئے کہ جزیرے میں آنے کے پہلے سال کے بعد میں نے بہت کم بارود خرچ کی تھی۔ یہ بارود اور آٹھ بندوقیں ہم نے ملّاحوں کے واسطے چھوڑ دیں تاکہ وہ جنگلیوں سے اپنا بچاؤ کرسکیں۔ کپتان نے انکو درختوں اور غلّوں کے تھوڑے سے بیج دیدئے جنکو انھوں نے بڑی خوشی سے لے لیا۔

جہاز پر جانے کے پہلے میں نے وہ نئے کپڑے پہنے جو کپتان نے مجھ کو دئے تھے۔ سفید قمیص۔ سفید پتلون، ریشمی کوٹ، چمڑے کے جوتے اور سوتی موزوں کا پہننا میرے لئے ایک اچنبھے کی بات تھی۔ میں تیس ۳۰ برس تک بکری کے کھال والے کپڑے پہنتے پہنتے ایسا عادی ہو گیا تھا کہ بہت دنوں تک نرم نرم کپڑوں میں مجھکو ذرا بھی آرام نہیں ملا۔

آخر سب ٹھیک ٹھاک ہو گیا۔ میں ملاحوں سے یہ کہہ کر رخصت ہوا کہ ہنسی خوشی رہو میں وطن پہنچتے ہی تمھارے لئے کوئی جہاز ضرور بھیجدونگا۔

اب میں شکروار کو ساتھ لیکر جہاز پر بیٹھ گیا۔ میرے ساتھ میری کھال والی ٹوپی، کپڑے، چھاتہ، پیٹی۔ ایک جھجھ اور ایک ٹوکری بھی تھی۔ کچھ چاندی کے سکے تھے جنھوں نے تیس برس تک میرا ساتھ دیا تھا۔ اب وہ بالکل مٹیلے ہو گئے تھے۔ اچھی طرح رگڑ رگڑ کر چمکائے گئے تب چمک اُٹھے۔

ہم لوگ جزیرے سے ۱۹ ر دسمبر ۱۶۸۶ء کو جہاز میں روانہ ہوئے جہاں میں اٹھائیس برس سے زیادہ رہ چکا تھا۔

ہمارا جہاز ایک بہت بڑے سفر کے بعد ۱۱ ر جون ۱۶۸۷ء کو انگلستان پہنچ گیا۔ جب میں پورے پینتیس ۳۵ برس کے بعد اپنے وطن پہنچا تو دنیا ہی بدلی تھی۔ اچھا اب آپ لوگوں سے بھی رخصت ہوتا ہوں۔ سلام